Imperialismus ... — Begriffsbestimmungen:

»Eine verderbte Art nationalen Lebens, durch egoistische Interessen aufgezwungen, die an die Gelüste massiver Gewinnsucht und der Zwangsherrschaft appellieren ...«
　　　　　　　　　　　　　　Hobson: »Imperialismus«

»Der Imperialismus führt zu Annexion und zu zunehmender nationaler Unterdrückung ...«
　　　　　　　　　　　　　　Lenin: »Imperialismus«

»... eine räuberische Außenpolitik.«
　　　　　　　　　　　　　　Ushakow: »Standardwörterbuch der
　　　　　　　　　　　　　　Russischen Sprache«

»Wenn wir sagen ›der Imperialismus ist grausam‹, so meinen wir damit, daß er sein Wesen niemals ändern wird.«
　　　　　　　　　　　　　　Mao Tse-tung: »Laßt Illusionen fallen;
　　　　　　　　　　　　　　bereitet Euch auf den Kampf vor«

»Die Politik, die Praxis oder die Befürwortung der Vorherrschaft einer Nation ... durch Erwerbung neuer Territorien oder politisch abhängiger Gebiete ... durch die Ausdehnung ihrer Herrschaft über andere Rassen der Menschheit ...«
　　　　　　　　　　　　　　Webster: »Drittes Neues Internationales Wörterbuch« (ungekürzt)

Die sowjetische Gebietserweiterung
1. Rumänische Provinzen

So schrieb damals der Imperialist:
»Innerhalb von vier Tagen werden sowjetische Truppen das Gebiet von Bessarabien und die nördliche Bukowina besetzen . . . Die Sowjetunion verlangt . . .«

So lautete das sowjetische Ultimatum, das der rumänischen Regierung Ende Juni 1940 gestellt wurde.

Was konnte Rumänien tun? Es mußte sich den sowjetischen Forderungen beugen, die insgeheim zuvor Hitler mitgeteilt wurden. Die Rote Armee besetzte Bessarabien und die nördliche Bukowina. Beide Provinzen wurden am 2. August 1940 der Sowjetunion eingegliedert. 1947 bestätigte der endgültige Friedensvertrag mit dem besetzten Rumänien die neuen Grenzen.

Von der UdSSR einverleibtes rumänisches Gebiet:

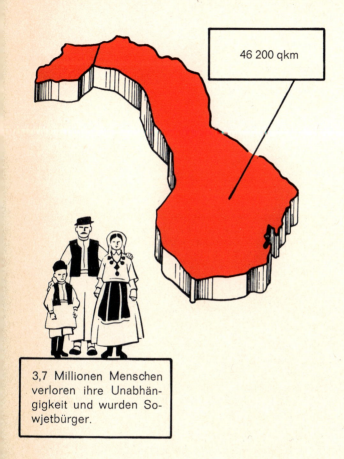

46 200 qkm

3,7 Millionen Menschen verloren ihre Unabhängigkeit und wurden Sowjetbürger.

In diesen Gebieten, größer als ganz Dänemark, liegen Rumäniens zweit- und drittgrößten Städte, nämlich Kischinew (Chisinau) und Tschernowitz (Cernauti).

Die Annexion Bessarabiens machte die UdSSR zu einer Donaumacht, die in der Lage ist, den Handel im Donaubecken zu beherrschen.

Die sowjetische Gebietserweiterung
2. Die baltischen Staaten

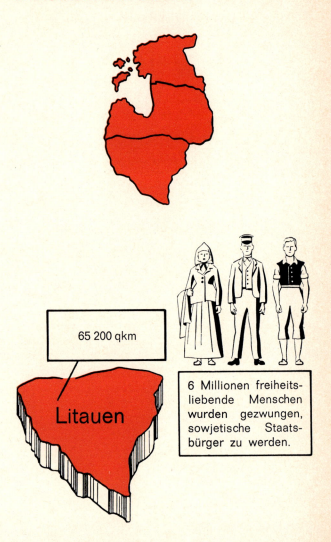

65 200 qkm

Litauen

6 Millionen freiheitsliebende Menschen wurden gezwungen, sowjetische Staatsbürger zu werden.

Im Herbst 1939 erhielt die Sowjetunion vom nationalsozialistischen Deutschland insgeheim das Einverständnis, die drei baltischen Staaten zu überfallen. Nach einer von der Roten Armee beaufsichtigten »Wahl« wurden sie der UdSSR einverleibt.

Im Einvernehmen mit dem nationalsozialistischen Deutschland vereinnahmte die Sowjetunion die drei baltischen Staaten

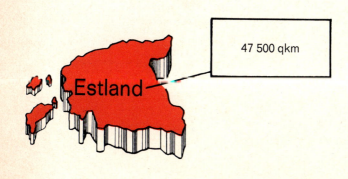

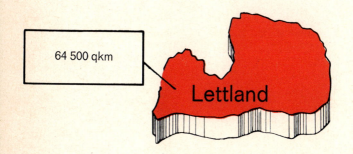

Diese drei Länder waren zusammengenommen zweimal so groß wie Schottland. Kowno, Reval, Riga, einst stolze, unabhängige Hauptstädte, wurden zu Provinz-Zentren der sowjetischen Macht.

Die sowjetische Gebietserweiterung
3. Deutschland
Das nördliche Ostpreußen

Während des Zweiten Weltkrieges besetzte die Rote Armee den Norden Ostpreußens. Die UdSSR annektierte das Gebiet.

Dieser Teil des deutschen Ostpreußens wurde von der UdSSR einverleibt. Deutsche Städte erhielten russische Namen:

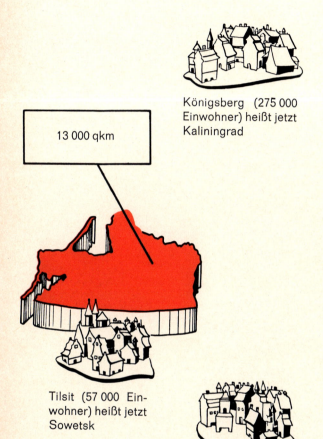

Königsberg (275 000 Einwohner) heißt jetzt Kaliningrad

13 000 qkm

Tilsit (57 000 Einwohner) heißt jetzt Sowetsk

Insterburg (39 000 Einwohner) heißt jetzt Tschernjachowsk

Die sowjetische Besatzungszone Deutschlands und Ostberlin

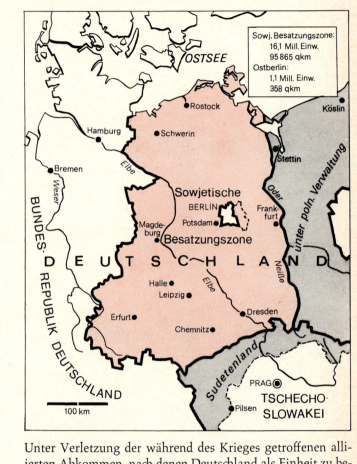

Unter Verletzung der während des Krieges getroffenen alliierten Abkommen, nach denen Deutschland als Einheit zu behandeln sein sollte, schuf die UdSSR einen Marionettenstaat in Mitteldeutschland. Am 6. September 1948 stürmten kommunistische Rollkommandos das Stadthaus in der Parochialstraße in Ostberlin und machten die Arbeit der unter Aufsicht der Vier Mächte gewählten Stadtverordneten unmöglich. Die gewählten Volksvertreter der SPD, CDU und FDP mußten ihre Sitzungen von nun an in Westberlin abhalten. Seitdem gibt es keine gemeinsame Stadtregierung Berlins mehr. Die endgültige Spaltung war vollendet.

Im Oktober 1949 erklärte das kommunistische Regime Ostberlins die sowjetische Besatzungszone Deutschlands zur »Deutschen Demokratischen Republik« (die UdSSR erkannte die DDR formell durch Vertrag im Jahre 1955 an).

Am 17. Juni 1953 unterdrückten die sowjetischen Besatzungstruppen brutal die in Ostberlin und anderen mitteldeutschen Städten ausgebrochenen Streiks, um die Macht des Ulbricht-Regimes wiederherzustellen.

1961 errichteten die kommunistischen Machthaber die aus Beton und Stacheldraht gebaute Schandmauer.

In Mitteldeutschland sind immer noch 20 sowjetische Divisionen mit rund 9000 Panzern, eine Luftarmee mit über 1200 Flugzeugen, Raketen-Einheiten, z. T. mit Nuklearwaffen ausgerüstet, stationiert.

Zwei junge Ostberliner schleudern Pflastersteine gegen sowjetische Panzer, die in die Stadt befohlen wurden, um den 1953 von Bauarbeitern ausgelösten Aufstand niederzuschlagen. Solange es Menschen gibt, die bereit sind, für die Freiheit zu sterben, solange wird die Freiheit nicht sterben.

Die sowjetische Gebietserweiterung
4. Ost-Tschechoslowakei
Tschechslowakisches Gebiet von der UdSSR einverleibt:

11 300 qkm

Viele der 731 000 Einwohner verließen Haus und Hof und flohen nach anderen Gebieten der Tschechoslowakei.

Dieses Gebiet, fast so groß wie Elsaß-Lothringen, wurde in die Ukrainische Sozialistische Sowjetrepublik einverleibt.

Im Juni 1945 wurde Ruthenien, die Ostprovinz der Tschechoslowakei, von der UdSSR annektiert. Das Gebiet hatte niemals zum zaristischen Rußland gehört. Mit der Annexion Rutheniens und Ostpolens erhielt die UdSSR eine strategisch wichtige Position westlich der Karpaten mit direktem militärischen Zugang zur Tschechoslowakei und nach Ungarn und somit zum ersten Mal eine gemeinsame Grenze mit beiden Staaten. So begann die Reihe der Angriffe der Sowjets gegen die Souveränität und die territoriale Integrität der tschechoslowakischen Nation nach dem Zweiten Weltkrieg.

Am 25. Februar 1948, als die Rote Armee an der Grenze der Tschechoslowakei stand, ergriffen Kommunisten die Macht im Lande. Die Tschechoslowakei wurde zu einem Satelliten der Sowjets.

Die sowjetische Besetzung

Als die tschechoslowakischen Kommunisten unter Alexander Dubcek 1968 versuchten, einen »Sozialismus mit menschlichem Gesicht« einzuführen, wurde das Land über Nacht (20./21. August 1968) von fünf Staaten des Warschauer Paktes – sowjetische Einheiten, ergänzt durch Truppen aus Bulgarien, der »DDR«, Ungarn und Polen – besetzt.

Umsonst bemühte sich die UdSSR, führende tschechoslowakische Politiker zur Kollaboration zu überreden. Nach dem Sturz Dubceks erzwangen die Sowjets die Säuberung von allen »liberalen« Kommunisten in der Regierung, der KP und der Gewerkschaften in der Tschechoslowakei. Die vom Dubcek-Regime eingeleiteten politischen und wirtschaftlichen Reformen wurden sofort aufgehoben. Nachdem sowjetische Truppen in der Tschechoslowakei, in dem seit 1945 unbesetzten Land, stationiert worden waren, wurde der gefangengehaltenen Regierung ein Abkommen aufgezwungen. 1973 standen immerhin noch fünf sowjetische Divisionen in der Tschechoslowakei.

Die sowjetische Gebietserweiterung
5. Ost-Polen

Aufgrund des Vertrages zwischen der UdSSR und dem nationalsozialistischen Deutschland vom 23. August 1939 wurde Polen besetzt. Innerhalb eines Monats teilten sich Hitler und Stalin das Land. 1941 überfiel Hitler die UdSSR und trieb die Russen aus den von ihnen besetzten polnischen Gebieten. Aber die Rote Armee besetzte 1944 diese Gebiete erneut. Eine provisorische polnische Regierung wurde unter sowjetischer Schirmherrschaft eingesetzt. Die Sowjetunion annektierte 161 700 Quadratkilometer polnischen Gebietes; sie verlegte mit kleineren Änderungen ihre Grenze mit Polen entlang der alten Curzon-Linie.

Ein Nazi-Sowjet-Geschäft — und Polen verlor dieses Gebiet:

161 700 qkm

11,8 Millionen Menschen – mehr als die Bevölkerung der Niederlande – kamen unter die Kontrolle Moskaus.

Dieser Teil Polens gleicht ungefähr dem Gesamtgebiet von Österreich und Ungarn. Auf ihm befinden sich die Großstädte Lemberg und Wilna.

Die sowjetische Gebietserweiterung
6. Provinzen Finnlands

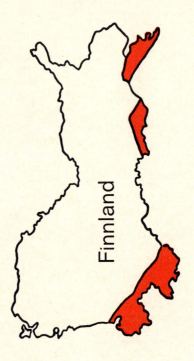

Im November 1939 überfiel die Sowjetunion Finnland. Mit dem »Waffenstillstandsvertrag« verlor Finnland mehr als zehn Prozent seines Gebiets und seiner Bevölkerung. Abgetreten wurden die Karelische Landenge mit der zweitgrößten Stadt Finnlands, Wyborg (Viipuri), ein Teil des Salla-Gebietes und ein Streifen der Rybachiy-Halbinsel. Die Finnen eroberten 1941 mit deutscher Unterstützung diese Gebiete zunächst zurück, doch kam es beim neuen Waffenstillstand am 19. September 1944 zum Verlust noch weiterer Gebiete. Den Russen mußten Stützpunkte eingeräumt, an der norwegischen Grenze die Stadt Petsamo mit Zugang zum Nördlichen Eismeer abgetreten werden. Zwar wurden die Stützpunkte 1956 wieder freigegeben, Karelien und die anderen Teile aber erhielten den minderen Status eines »Autonomen Gebietes« der UdSSR.

Von Finnland an die UdSSR abgetreten:

41 600 qkm

Die meisten der 450 000 Finnen dieses Gebietes siedelten nach anderen Teilen Finnlands um.

Die sowjetische Gebietserweiterung
7. Selbstbestimmung nach sowjetischer Art
Polen 1956

Im Juni 1956 breiteten sich in Posen Streiks und Unruhen aus. Das Volk forderte »Brot und Freiheit«. Die UdSSR mußte, wenn auch begrenzt, Zugeständnisse machen.

Mit der drohenden Bereitstellung sowjetischer Truppen wurde jedoch die Bewegung des polnischen Volkes für mehr Unabhängigkeit von Moskau abgewürgt.

Moskau setzte auf Wladislaw Gomulka als kommunistischen Führer Polens. Zwar Antistalinist, wandte Gomulka trotzdem harte Maßnahmen gegen diejenigen an, die Polen von der Standardschablone des Kommunismus oder von der »realistischen« Politik der Unterordnung gegenüber der Sowjetunion hätten abbringen wollen.

Als direkte Mahnung des sowjetischen Verlangens nach Gehorsam blieben die russischen Garnisonen und Truppenverbände des Warschauer Paktes im Zuge sogenannter Manöver auf polnischem Gebiet.

1968 nahm das Gomulka-Regime an der Unterdrückung der »Liberalisierung« in der Tschechoslowakei teil und wandte harte Maßnahmen auch gegen interne »liberale Elemente« an. 1970 brach in den Städten der polnischen Ostseeküste eine Welle von Arbeiterunruhen und Streiks gegen die arbeiterfeindliche Wirtschaftspolitik des Regimes aus. Polizei, Truppen und Panzer wurden gegen die Arbeiter eingesetzt. Nach kommunistischen Quellen wurden 45 Menschen getötet, über 1000 verletzt. Die Gomulka-Regierung wurde durch das – auch Moskau genehme – Gierek-Regime ersetzt.

Selbstbestimmung auf sowjetische Art
Ungarn 1956

Der Funke des polnischen Volksaufstandes sprang über: 1956 erhoben sich Ungarn – Studenten, Arbeiter, Intellektuelle, Bauern, Soldaten, Kommunisten und Nichtkommunisten –

gegen die Unterdrückung durch die Sowjets. Die Massen der ungarischen Freiheitskämpfer, die nach demokratischen Reformen und nationaler Unabhängigkeit für ihr Land riefen, wurden von sowjetischen Panzern und Truppen, die »im Rahmen des Warschauer Paktes« ins Land gedrungen waren, brutal unterdrückt. Schätzungsweise 200 000 Ungarn flohen aus ihrem Heimatland.

Während der Erste Stellvertretende Ministerpräsident der Sowjets, Mikojan, mit dem ungarischen Regierungschef Nagy verhandelte, ergriffen sowjetische Einheiten die Macht in Ungarn. Die Sowjets stürzten das Nagy-Regime, das die Forderungen des Volkes durchsetzen wollte, und setzten an seine Stelle die Kadar-Regierung. Imre Nagy, Verteidigungsminister Pal Maleter, Miklos Gimes, ein führendes Mitglied des intellektuellen Petöfi-Kreises, und andere prominente Kommunisten und Nichtkommunisten, die führend an der ungarischen Revolution beteiligt waren, wurden von den Sowjets unter dem Vorwand von Verhandlungen festgenommen.

Am 17. Juni 1958, dem Jahrestag des Arbeiteraufstandes in der DDR, gab das Moskauer Radio ihre Hinrichtung bekannt. So rächte sich die »antikolonialistische Schutzmacht«, die UdSSR, an den Menschen in ihrem Herrschaftsbereich, die ihr Recht auf Selbstbestimmung suchten.

1968 waren auch ungarische Truppen des Kadar-Regimes am sowjetischen Überfall auf die sich um mehr Demokratie bemühende Tschechoslowakei beteiligt.

Selbstbestimmung nach sowjetischer Art —
Die »Breschnew-Doktrin«

Die »Breschnew-Doktrin« (»begrenzte Souveränität«, wie die Sowjets das nennen) wurde als ideologische Rechtfertigung für den Überfall auf die Tschechoslowakei im Jahre 1968 formuliert.

Der Freundschafts-Vertrag, den die Sowjetunion 1970 der Tschechoslowakei aufzwang, erklärte: »Die Wahrung von sozialistischen Errungenschaften ... ist eine gemeinsame internationale Verpflichtung für die sozialistischen Länder.«

So unverschämt wird das formuliert, was längst de facto zur Politik der Sowjetunion gehört. In der Praxis bedeutet dieser Begriff der begrenzten Souveränität unter »sozialistischen Staaten«, daß die Souveränität der anderen Mitglieder des Warschauer Paktes begrenzt ist, während die der beherrschenden UdSSR unbegrenzt bleibt.

Die Sowjets schließen mit anderen »sozialistischen Ländern« keine Nichtangriffspakte. Die »Breschnew-Doktrin« rechtfertigt bewaffnete Interventionen durch die Sowjetunion gegen jedes »sozialistische« Land, das politische, wirtschaftliche oder gesellschaftliche Änderungen unternimmt, die Moskau als eine Bedrohung des »sozialistischen Lagers« auslegt.

Die sowjetische Gebietserweiterung
In Asien

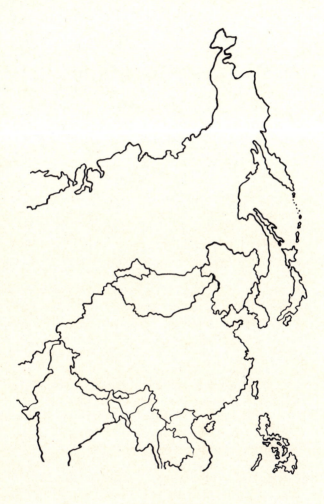

In Asien wie in Europa dehnte die Sowjetunion ihr Herrschaftsgebiet aus, indem sie sich Staaten und Teile von Staaten, die an ihren Grenzen liegen, einverleibte.

Die sowjetische Gebietserweiterung
8. Die Äußere Mongolei

Die Äußere Mongolei (Mongolische Volksrepublik) war der erste Satellitenstaat der Sowjetunion. Das von den Bolschewisten eingesetzte Marionettenregime erklärte 1921 die Unabhängigkeit des Landes von China. 1936 erklärte Mao Tsetung, der Sieg der Kommunisten in China mache die MVR »automatisch« zu einem Teil Chinas.

Das kommunistische China erkannte 1949 die Unabhängigkeit der Äußeren Mongolei an. Beide Länder unterzeichneten 1962 ein Grenzabkommen. Vor einer Delegation der Sozialisten des japanischen Parlaments aber erklärte Mao am 10. Juli 1964: »Unter dem Vorwand, die Unabhängigkeit der Mongolei sichern zu wollen, brachte die Sowjetunion das Land in ihren Herrschaftsbereich ein.«

»Die große Sowjetunion ... bleibt unser treuer, selbstloser Freund und zuverlässiger Beschützer gegen Übergriffe der Imperialisten ... Wenn sich die Pläne der chinesischen Führung durchsetzen würden, so würde unser Volk das Schicksal der Inneren Mongolei teilen ..., deren Menschen nach den Sitten des Groß-Han'schen (d. h. chinesischen) Chauvinismus behandelt werden.«

Radio Ulan Bator am 10. Sept. 1964

In der Mongolischen Volksrepublik stehen russische Truppen. Für alle Verteidigungsmaßnahmen gegen das kommunistische China ist die MVR auf die UdSSR angewiesen.

9. Tannu Tuwa (Tuwa-Republik)

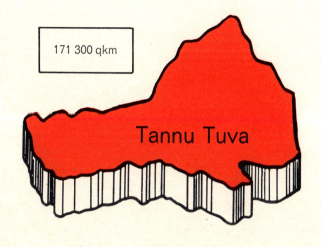

171 300 qkm

Tannu Tuva

70 000 Menschen wurden sowjetisiert.

Die Republik Tannu Tuwa wurde im Oktober 1944 von der UdSSR annektiert.

Die sowjetische Gebietserweiterung
10. Japanische Territorien

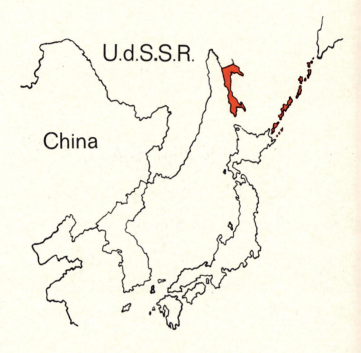

Nach der Niederlage Japans im Zweiten Weltkrieg wurden die Kurilen-Inseln und die südliche Hälfte der Insel Sachalin, sowie Habomai und Shikotan annektiert und der UdSSR einverleibt. Die Rote Armee hatte diese Territorien besetzt, nachdem die Sowjetunion sich symbolisch sechs Tage lang am Krieg gegen Japan beteiligt hatte.

»Es gibt keinen Grund und es kann auch keine Gründe für (japanische) Ansprüche auf die Kurilen-Inseln geben.«
Prawda, 2. September 1964

Gebiete Japans, die von der UdSSR nach der Niederlage Japans annektiert wurden:

Dieser Landraub, der sich über eine Fläche größer als die Schweiz ausdehnte, vergrößerte die Küste Rußlands am Stillen Ozean wesentlich und brachte wichtige strategische Gebiete unter sowjetische Kontrolle.

Kommunistischer Imperialismus in Asien

Mit massiver militärischer Hilfe der Sowjetunion und des kommunistischen Chinas haben die nordkoreanischen und nordvietnamesischen Regimes die expansionistische Tradition des kommunistischen Imperialismus weiterentwickelt. Diese Hilfsmächte sind den Zielsetzungen einer territorialen Ausdehnungspolitik verpflichtet. Keine von ihnen ist gewillt, innerhalb der eigenen Grenzen zu verbleiben.

1. Nordkorea

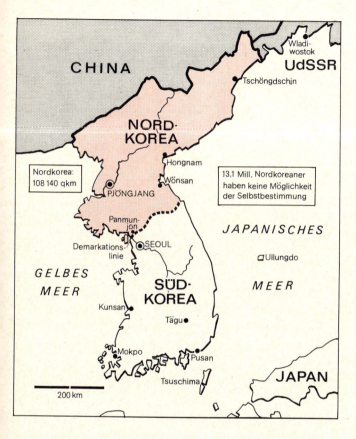

Nach ihrem Sechs-Tage-Krieg gegen Japan setzte die russische Besatzungsmacht 1945 eine aus in Rußland ausgebildeten Kommunisten zusammengestellte Volksregierung für Nordkorea ein.

Die UdSSR widersetzte sich allen Versuchen, Korea durch freie, international beaufsichtigte Wahlen wieder zu vereinigen. 1948 blockierte die UdSSR die Absicht der UNO, im Norden freie Wahlen abzuhalten. Im Gegensatz zur Republik (Süd-) Korea, deren Regierung unter Aufsicht der UNO gewählt wurde, errichtete die UdSSR im Norden die »Demokratische Volksrepublik Korea«.

Kommunistischer Imperialismus in Asien
2. Nordkorea greift nach dem Süden

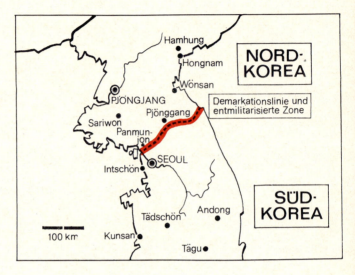

Entmilitarisierte Zone in Korea

Am 25. Juni 1950 versuchte das von Rußland eingesetzte Regime Nordkoreas mit großangelegter militärischer Hilfe aus der Sowjetunion einen Blitzkrieg gegen die demokratische Republik Korea (Südkorea) zu führen. Die UNO verurteilte den Angriff, befahl Gegenmaßnahmen und setzte militärische Verbände der UNO gegen die Angreifer ein. Als sich der Krieg für die Nordkoreaner negativ entwickelte, schickte das kommunistische China große »Freiwilligen-Verbände« über den Yalu-Fluß nach Korea.

Nach langen Verhandlungen erreichte man am 27. Juli 1953 einen Waffenstillstand. Über 70 Prozent der chinesischen und nordkoreanischen Kriegsgefangenen lehnten die Repatriierung ab und blieben in Südkorea oder wanderten nach Taiwan aus.

Kommunistischer Imperialismus in Asien
3. Nordvietnam stößt nach Indochina vor

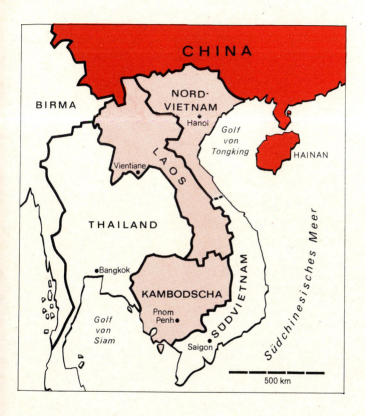

Seit Nordvietnam 1954 durch das Genfer Abkommen als Staat etabliert wurde, hat es sein Ziel, Vietnam zu »vereinigen« und möglichst ganz Indochina unter seine Herrschaft zu bringen, nie aufgegeben.

Zu diesem Zweck unterhält Nordvietnam militärische Verbände und politische Kader in Südvietnam, Laos und Kambodscha, um die dortigen Regierungen zu stürzen.

Nordvietnam, dessen Gebiet 146 360 qkm mit einer Bevölkerung von 20 Millionen umfaßt, versucht ein Gebiet von 523 609 qkm mit einer Bevölkerung von 26,8 Millionen zu unterjochen.

Subversion

1954 – nachdem Hanoi die Genfer Abkommen unterschrieben hatte, beließ es Tausende seiner militärischen und politischen Kader in Südvietnam, um die noch nicht gefestigte republikanische Regierung von innen heraus zu stürzen.

1960 – nachdem die Wühlarbeit versagt hatte, versuchte Hanoi die Regierung Südvietnams mit Waffengewalt zu beseitigen.

1962 – nach fünf Jahren Kriegshandlungen gegen das Königreich Laos, unterschrieb Hanoi die Genfer Vereinbarungen, die zu einer Dauerlösung der Krise führen sollten. Hanoi aber zog nur einen kleinen Teil der Soldaten zurück, die zu Tausenden nach Laos eingesickert waren.

Invasion

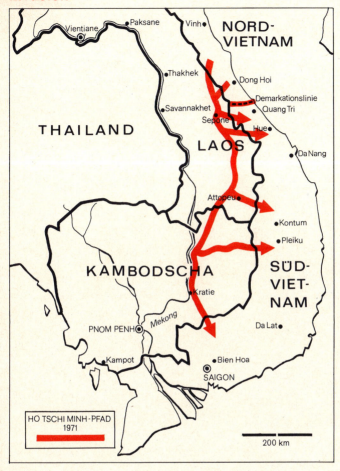

1965 – Hanoi beginnt, Verbände der regulären Armee Nordvietnams nach Südvietnam zu schicken.

1966 – Hanoi beginnt, Stützpunkt-Gebiete in Ost-Kambodscha zu besetzen und auszubauen.

1966 – Hanoi besetzt die Gebiete um den Hauptverbindungsweg – bald als »Ho Tschi Minh-Pfad« bekannt –, die in den östlichen Teil von Süd-Laos führen.

1968 – Kommunistische Streitkräfte setzen zur Tet-Offensive von ihren Stützpunkten in Kambodscha aus an.

Besetzung

1971 – über 100 000 Soldaten Nordvietnams in Südvietnam; in Laos 70 000; in Kambodscha 40 000.

Zusätzlich befinden sich zumindest 80 000 politische und Verwaltungskader der nordvietnamesischen Kommunisten in Südvietnam, Kambodscha und Laos.

Gebietserweiterung des kommunistischen China seit 1950
1. Einverleibung Tibets

Im Oktober 1950 besetzte das kommunistische China Tibet mit einer Bevölkerung von 1,2 Millionen und einer Fläche zweimal so groß wie Texas.

Im Mai 1951 zwangen die chinesischen Kommunisten den Dalai Lama, ein Abkommen zu unterschreiben, das die »friedliche Befreiung Tibets« legalisierte und ihn praktisch zur Marionette degradierte.

1959 unterdrückten die chinesischen Kommunisten mehrere Aufstände der Tibetaner. Der Dalai Lama floh mit 20 000 Tibetanern nach Indien. Die rechtmäßige Regierung Tibets wurde zur Flucht gezwungen. Tibet verlor den letzten Rest seiner Autonomie. Eine Marionettenverwaltung wurde eingesetzt, Tibet China einverleibt.

Gebietserweiterung des kommunistischen China seit 1950
2. Kartographische Aggression

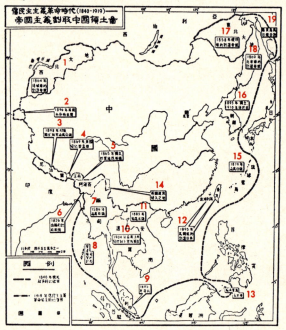

"The Old Democratic Revolutionary Era (1840-1919) – Chinese Territories Taken by Imperialism."
From Liu P'ei-hua; ed., *Chung-kuo chin-tai chien-shih*, (A Short History of Modern China), (Peking: I ch'ang shu chü, 1954)

1954 veröffentlichten die chinesischen Kommunisten ein Sachbuch mit einer Karte von China, die große Gebiete der Sowjetunion als »rechtmäßigen« chinesischen Besitz zeigt. Die Karte, die angeblich China vor dem Ersten Opium-Krieg (1839–1842) darstellt, bezeichnet als Teile von China: Burma, Vietnam, Korea, Thailand, Malaya, Nepal, Bhutan und Sikkim, die Küstenprovinzen im Norden der UdSSR, Teile von Kirgisien, Tadschikstan, Kasachstan bis zum Balkasch-See und Sachalin.

In einem »Papierkrieg« (so Mao Tse-tung) verleugnen hin und wieder die chinesischen Kommunisten diese Karten. Sie werden aber weder korrigiert noch eingezogen.

Die Landkarte aus dem Jahre 1954 führt folgende »chinesischen Hoheitsgebiete, die von den Imperialisten annektiert wurden«, auf:
(Übersetzung der im Kasten auf der Landkarte auf S. 34 eingetragenen Bezeichnungen.)

1. Der Große Nordwesten: 1864 vom zaristischen Rußland mit dem Vertrag von Tschugutschak angeeignet (Teile der jetzigen sowjetischen Unionsgebiete Kasachstan, Kirghistan und Tadschikstan).
2. Das Pamir-Gebiet: 1896 insgeheim zwischen England und Rußland aufgeteilt.
3. Nepal: fiel 1898 an England nach vorheriger »Unabhangigkeit«.
4. Sikkim: 1889 von England besetzt.
5. Bhutan: fiel 1865 an England nach vorheriger »Unabhängigkeit«.
6. Assam: 1826 von Burma an England übereignet.
7. Burma: wurde 1886 ein Teil des Britischen Weltreichs.
8. Andaman-Archipel: kam zu England.
9. Malaya: 1895 von England besetzt.
10. Thailand: 1904 »Unabhängigkeit« unter gemeinsamer Aufsicht Frankreichs und Englands erklärt.
11. Indochina: 1885 von Frankreich besetzt (umfaßt das jetzige Kambodscha, Nord- und Südvietnam und Laos).
12. Taiwan und P'eng-hu-Archipel (Pescadores Inseln): 1895 nach dem Vertrag von Shimonoseki an Japan übereignet.
13. Sulu-Archipel: kam zu England.
14. Gebiet einer aggressiven Grenzüberschreitung durch England.
15. Ryukyu-Archipel: 1879 von Japan besetzt.
16. Korea: 1895 »unabhängig« – 1910 von Japan annektiert.
17. Der Große Nordosten: 1858 durch das zaristische Rußland nach dem Vertrag von Aigun angeeignet.
18. Der Große Nordosten: 1860 vom zaristischen Rußland nach dem Vertrag von Peking angeeignet.
19. Sachalin: zwischen Rußland und Japan aufgeteilt.

Gebietserweiterung des kommunistischen China seit 1950
3. Angriffe gegen Nachbarn

Das kommunistische China hat mittelbar und unmittelbar versucht, seine Hegemonie über alle benachbarten Gebiete, die es geschichtlich als chinesisch ansieht, zu etablieren oder sie zu annektieren, sowie den Einfluß rivalisierender Mächte auszuschließen.

China unterstützte und beteiligte sich an dem Angriff auf Südkorea. 1962 unternahm es einen massiven Angriff gegen Indien, gewann die Kontrolle über strategische Grenzgebiete, einschließlich der Aksai-Tschin-Hochebene, und somit einen äußerst wichtigen Verbindungsweg zwischen Sinkiang und dem westlichen Tibet.

Seit Jahren unterstützt China Aufstände kommunistischer und ethnischer Minderheiten in Nordost-Burma, Nord-, Nordost- und Süd-Thailand, Malaysia, Laos, Vietnam und Kambodscha. Seit 1968 bauen die Chinesen ein Straßennetz durch den unter kommunistische Kontrolle gebrachten Nordwesten von Laos. Damit ließe sich das Yunnan-Straßennetz in China in Richtung Nord-Thailand verlängern.

Imperialismus — China gegen Sowjets
1. Mao beansprucht sowjetische Gebiete

»Die Sowjetunion besitzt eine Fläche von 22 Millionen Quadratkilometern, seine Bevölkerung zählt aber nur 220 Millionen. Es ist Zeit, diesem Mißstand ein Ende zu setzen ... Vor ungefähr 100 Jahren wurde das Gebiet östlich des Baikalsees russisch, dann folgten Wladiwostok, Chabarowsk, Kamtschatka. Seitdem sind auch andere Gebiete sowjetisch geworden. Wir haben noch nicht unsere Rechnung für diese Liste präsentiert.«

(Aus einer Rede Mao Tse-tungs am 10. Juli 1964 vor einer Delegation der sozialistischen Fraktion des japanischen Parlaments.)

Imperialismus — China gegen Sowjets
2. Mao prangert sowjetischen Imperialismus an

»Zu viele Gebiete sind von der Sowjetunion besetzt. Das Jalta-Abkommen ausnutzend, hat die UdSSR unter dem Vorwand, die Unabhängigkeit der Mongolei zu sichern, das Land tatsächlich unter ihre Herrschaft gebracht. 1954, als Chruschtschow und Bulganin nach China kamen, haben wir diese Frage erörtert. Die Sowjets aber weigerten sich, mit uns darüber zu reden. Die Sowjetunion annektierte auch einen Teil Rumäniens. Nachdem sie von Deutschland einen Teil abgeschnitten hatten, verjagten sie die Einwohner nach Westdeutschland. Sie schnitten einen Teil Polens ab, verleibten es ihrem Machtbereich ein und gaben Polen als Ausgleich einen Teil Ostdeutschlands. Das gleiche geschah in Finnland. Die Russen nahmen sich, was sie nur nehmen konnten.«

(Aus einer Rede Mao Tse-tungs am 10. Juli 1964 vor einer Delegation der sozialistischen Fraktion des japanischen Parlaments.)

Imperialismus — China gegen Sowjets
3. Peking gegen Moskau

»Die üblen Hände der Sowjets werden ebenso rücksichtslos abgeschnitten wie die der indischen Reaktionäre, als sie China überfielen.« (Saifudin, Vorsitzender der Autonomen Sinkiang Uighur Region von China, Urumchi Radio, 1. Oktober 1964.)

»Die jetzige sowjetische Regierung ist weiter gegangen als die alten Zaren.« (Nachrichten-Agentur Neues China, 8. Oktober 1964.)

»Die sowjetische revisionistische Renegatenclique ist vom Revisionismus in den Sozialimperialismus hineingewachsen ... Die sowjetischen Sozialimperialisten jedoch plündern und versklaven die Menschen anderer Länder unter Anwendung der staatlichen Macht, deren sich die Sowjets bemächtigt haben.« (Nachrichten-Agentur Neues China, 21. April 1970.)

»Die ›Breschnew-Doktrin‹ ist eine ausgesprochene Hegemonie-Doktrin ... Eine sozialistische Gemeinschaft ist nichts als ein Synonym für ein Kolonialreich in dem ihr (die UdSSR) das Mutterland seid.« (Nachrichten-Agentur Neues China, 21. April 1970.)

»Sie haben ihre Arme ausgestreckt nach Südostasien, nach dem Nahen Osten, Afrika und Latein-Amerika, ihre Flotten in das Mittelmeer, den Indischen und Pazifischen Ozean und in den Atlantik mit dem Versuch geschickt, ein ausgedehntes revisionistisches Sowjetreich über Europa, Asien, Afrika und Latein-Amerika zu errichten.« (Nachrichten-Agentur Neues China, 21. April 1970.)

»Der Sozialimperialismus blickt gierig nach chinesischem Territorium.« (Nachrichten-Agentur Neues China, 31. Juli 1970.)

»Der Sozialimperialismus wird seine expansionistischen Ambitionen nie aufgeben.« (Nachrichten-Agentur Neues China, 31. Juli 1970.)

Imperialismus — Sowjets gegen China
1. Sowjets verurteilen Maos Gebietsansprüche

»Mao Tse-tung ... beansprucht nicht nur dieses oder jenes sowjetische Gebiet, er stellt seine Ansprüche dar als Teil einer ›allgemeinen, territorialen Frage‹. Wir stehen einem unverhohlen expansionistischen Programm mit weitreichenden Ansprüchen gegenüber ... Landkarten, die verschiedene Teile der Sowjetunion und andere China benachbarte Länder als chinesisches Gebiet bezeichnen, werden nach wie vor in China veröffentlicht ...«

»Haben diejenigen, die die Zugehörigkeit eines Gebietes von über anderthalb Millionen Quadratkilometern zur Sowjetunion in Frage stellen, sich überlegt, wie diese Ansprüche von den sowjetischen Menschen angesehen werden, die dieses Land seit mehreren Generationen bewohnt und bestellt haben?« (Prawda, 2. September 1964)

Imperialismus — Sowjets gegen China
2. Sowjetische Ansichten über den maoistischen Imperialismus

»Die chinesische Führung versucht nicht einmal mehr, ihre expansionistischen Bestrebungen zu tarnen.«
(Prawda, 2. September 1964)

»Der Ruf nach einer sogenannten territorialen Gerechtigkeit läßt sich nur als Tarnung für imperialistische Aggression verstehen ... Mao Tse-tungs ... Argumentation über die ungleiche Gebietsverteilung ist nur eine Neuausgabe der Lebensraum-Theorie.« (Radio Moskau, 6. September 1964)

»Die Gefahr, die China heute verkörpert, entspringt der Ideologie und der kriegshetzerischen Politik des Maoismus, ebenso wie die früher durch das Deutschland Hitlers und das militaristische Japan verkörperte Gefahr von der Ideologie und der Politik des Faschismus stammten.«
(Novosti-Kommentator Georgij Dadjants in Le Monde, Paris, 2. April 1969)

»Die Politik Pekings ist in erster Linie von den hegemonialen Bestrebungen Mao Tse-tungs und seiner Gefolgschaft bestimmt.« (Moskauer Novoj Wremja, 27. Juni 1969)

»Sie benutzen die wirkungsvollen volkstümlichen Slogans und sogenannten revolutionären Methoden, um ihre engen, nationalistischen Ziele zu erreichen.«
(Radio Moskau, 21. März 1970)

»Die chinesische Führung hat offen gezeigt, daß sie nicht gewillt ist, sich an irgendeiner politischen Aktivität zu beteiligen, die auf Beendigung des Krieges in Vietnam zielt ... Die Führer in Peking hoffen, daß der blutige Krieg in Vietnam noch auf ewig ausgetragen wird.«
(Radio Moskau, 28. März 1970)

»Die chinesische Führung will in ihrer Politik gegenüber Asien nicht nachgeben ... Die expansionistische Politik der chinesischen Führer ist für die Völker Asiens eine grimmige Realität.« (Radio Moskau, 8. Januar 1971)

»Die Generallinie der Außenpolitik der Volksrepublik China ist und bleibt ... für China einen Platz zu gewinnen, und zwar als eine Weltmacht, die ihre Entscheidungen, ihren Willen anderen Staaten aufzwingen kann.«
(Tass, 21. April 1971)

Die Imperialisten im Widerstreit
Sinkiang

»Die Regierung der Sowjetunion hat gegen Sinkiang eine großangelegte Wühlarbeit unternommen. Sie hat Zehntausende von chinesischen Bürgern angelockt und erpreßt, in die Sowjetunion einzuwandern ... Lügen und Verleumdungen verbreitet ... die Geschichte Sinkiangs verzerrt, um die Einheit des chinesischen Volkes verschiedener Nationen zu unterminieren.« (Nachrichtenagentur Neues China, 28. April 1964)

»Leben die Chinesen in Sinkiang seit uralten Zeiten? ... Die eingeborene Bevölkerung von Sinkiang unterscheidet sich scharf von den Chinesen, sowohl ethnisch als auch sprachlich ... chinesische Kaiser besiegten sie ... und nahmen ihnen die Unabhängigkeit.«
(Chruschtschow vor einer Delegation des
japanischen Parlaments, 19. September 1964)

Seit 20 Jahren kolonisiert Peking Sinkiang durch Übersiedlung von Han-Chinesen, um seinen Anspruch auf das Gebiet dadurch zu sichern, daß die eingeborene Bevölkerung zu einer Minderheit wird.

Chinesische Gebietsausdehnung seit 1950

Ausdehnung der kommunistischen Macht

Die Seiten zuvor zeigen nur ein Gesicht der räuberischen kommunistischen Politik: die Gebietsexpansion. Damit aber ist das kommunistische Register noch nicht beendet.

Die Sowjetunion und das kommunistische China haben außerdem viele Millionen Menschen mehr und viele Quadratkilometer mehr mittelbar oder unmittelbar unterjocht, ohne eine einzige Grenze zu ändern. Albanien, Kuba, Bulgarien, Ungarn, Mitteldeutschland, die Äußere Mongolei, Nordkorea, Nordvietnam und die übrigen Teile Polens, Rumäniens und der Tschechoslowakei liegen immer noch formell außerhalb der Grenzen der UdSSR und des kommunistischen China. Sie sind aber nicht mehr freie oder souveräne Staaten; sie gehören dem »sozialistischen Lager« an – wie Moskau und Peking es nennen. Zwar üben sie noch in verschiedenen Graden eine Autonomie aus, sie haben aber praktisch weitgehend das Niveau von Satelliten. Die weitere Existenz ihres kommunistischen Regimes hängt von der Unterstützung und dem Schutz der UdSSR, des kommunistischen China oder von beiden ab. In einem Land nach dem anderen wurden die gleichen Methoden angewandt: Demonstration, Agitation, Infiltration, Einschüchterung, Täuschung, Umsturz, Kontrolle.

In Ausnahmefällen gab die Sowjetunion annektiertes Gebiet zurück, z. B. die gepachteten Marine-Stützpunkte in Porkalla und Port Arthur, sowie ihren Anteil an der Ostchinesischen Eisenbahn und besondere Rechte an der Luftfahrt, dem Handel und den Bodenschätzen in Sinkiang. 1946 zog sie ihre Streitkräfte aus dem nördlichen Iran ab, aber erst nach einem Vertragsbruch und einer Verzögerung von sechs Monaten und nachdem es zu einer Krise in der UNO gekommen war. 1955 war die UdSSR endlich bereit, nach zehn Jahren der Besatzung und nach über acht Jahren dauernden Verhandlungen ihre Truppen aus Österreich zurückzuziehen. Durch einen Staatsvertrag wurde Österreich – mit einer unabhängigen, demokratischen Regierung – wieder frei. Hier und dort hat auch das kommunistische China kleinere Grenzkorrekturen zugunsten seiner Nachbarn vorgenommen.

Aber weder die Sowjetunion noch das kommunistische China haben jemals einem Land seine Unabhängigkeit gegeben, nachdem es einmal unter chinesisch-kommunistische Herrschaft geraten war.

In der Praxis gestehen weder die Sowjetunion noch das kommunistische China ihren Satellitenstaaten irgendwelche Rechte der Selbstbestimmung oder mehr als nominale Souveränität zu.

Albanien, wie die anderen Balkanländer auch, befand sich nach dem Zweiten Weltkrieg unter einem stalinistischen Regime. Da die Albaner ihre Differenzen mit den Machthabern der UdSSR nach dem Tode Stalins nicht lösen konnten, stellte sich das Regime unter den Schutz des kommunistischen China, das allein Albanien die unentbehrliche Wirtschaftshilfe liefern konnte.

In *Bulgarien* eroberte die kommunistisch geführte Vaterländische Front die totale Macht und unterdrückte jegliche Opposition. Bulgarien bleibt die gehorsamste unter den Marionetten der Sowjetunion.

Kuba – Am 1. Januar 1959 ergriff Castro die Macht. Erst nach zwei Jahren erklärte er sich zum überzeugten Marxisten-Leninisten, was er vorher verschwiegen hatte, um seine Macht zu festigen. Castro hat die von ihm versprochenen Wahlen nie abgehalten. Moskau wandelte Kuba eiligst in ein Zentrum der kommunistischen Wühlarbeit für ganz Latein-Amerika und in einen Stützpunkt für die Ausbildung von Guerrillas um. Er errichtete eine Raketenbasis gegen die Vereinigten Staaten. Nur durch tapferes, entschlossenes und rechtzeitiges Handeln gelang es dem ermordeten Präsidenten John F. Kennedy, Chruschtschow zum Abtransport der Nuklearraketen aus Kuba zu bewegen. Hierdurch wurde die ernste Gefahr einer globalen nuklearen Katastrophe abgewendet. Castro befürwortete den Überfall auf die Tschechoslowakei 1968 durch die Sowjets. »Dieser Schritt war unvermeidlich«, erklärte er. »Zwar hatte er überhaupt keine Legalität, doch ließe er sich aber vom politischen Standpunkt erklären« (Radio Havana, 24. August 1968). Castro ist auf die Hilfe der UdSSR für das Weiterbestehen seiner Staatswirtschaft angewiesen.

In der *Tschechoslowakei* setzte eine »Regierung der nationalen Einheit« in der UdSSR ausgebildete Agenten in die Lage, Schlüsselstellen im Kabinett einzunehmen. Sobald die Kommunisten die Polizei, die Verbindungsmittel, die Streitkräfte und andere wichtige Machtquellen fest im Griff hatten, stürzten sie die frei gewählte Regierung. Als das Dubcek-Regime 1968 eine Liberalisierung einführen wollte, überfiel die Sowjetunion das Land.

Ungarn – In einem Zeitraum von drei Jahren nach dem Zweiten Weltkrieg stürzte der Kreml unter den wachsamen Augen sowjetischer Truppen die demokratisch gewählten Führer der ungarischen Regierung und ersetzte sie durch Kommunisten. Die nichtkommunistischen Parteien wurden zersplittert und gezwungen, sich einer von Kommunisten beherrschten Front anzuschließen. Der Klerus wurde ständig verfolgt. Als das ungarische Volk, einschließlich der Kommunisten, 1956 nach Unabhängigkeit strebte, wurde es mit Gewalt unterdrückt.

Polen lebt nach wie vor unter dem Schatten der Sowjets. 1948 wurde es, wie auch die CSSR, von Moskau gezwungen, die Marshall-Plan-Hilfe abzulehnen. Die nach 1956 gewonnene »Liberalisierung« wurde bald zunichte gemacht. Die Unruhen des Jahres 1970 führten im Endergebnis Polen weiter in den sowjetischen Machtbereich hinein.

Rumäniens stalinistisch-nationalistisches Kommunisten-Regime zeigt von Zeit zu Zeit eine vorsichtig beschränkte Unabhängigkeit in der Außenpolitik, bleibt aber durch seine Mitgliedschaft im Warschauer Pakt und im COMECON im Griff der UdSSR. Die Rumänen vermeiden systematisch jede Aktivität, die den Kreml zur Anwendung der »Breschnew-Doktrin« provozieren könnte.

Das Regime der »*DDR*« ist für seine Existenz von der UdSSR absolut abhängig.

Die Kommunisten in *China*, die weitgehend selbständig die Macht errangen, haben ihre eigenen imperialistischen Abenteuer in Südost-Asien eingeleitet. Sie fordern die UdSSR heraus und konkurrieren mit ihr bei umstürzlerischen Aktionen in Afrika, Latein-Amerika und in Teilen Asiens. Der chinesisch-kommunistische Imperialismus ist »im Rennen« mit dem der Sowjets, um die Kontrolle der Landmasse Asiens zu erreichen.

In der *Äußeren Mongolei* entschied sich die Bevölkerung 1945 mit 483 291 zu Null Stimmen in einem »Plebiszit« für die »Unabhängigkeit«. Das bedeutete die totale Trennung von China und die direkte Unterwerfung unter die Interessen der Sowjets. Das Regime der Äußeren Mongolei ist und bleibt eine treue Marionette Moskaus.

In *Nordkorea* setzte die Sowjetunion 1948 eine Marionetten-Regierung ein und rüstete die Armee aus, um im Juni 1950 die Republik (Süd-)Korea anzugreifen. Wegen der politischen, militärischen und wirtschaftlichen Unterstützung ist das Regime auf Moskau und Peking angewiesen.

Das Regime *Nordvietnams* bleibt von Rotchina und Moskau abhängig. In Indochina setzt Nordvietnam die Tradition des in der kommunistischen Ideologie verwurzelten Imperialismus fort.

Übersicht über die von den sowjetischen und chinesischen Kommunisten annektierten und beherrschten Territorien, Stand 1973

	Fläche (in qkm)	Bevölkerung (vor der Annexion)
Rumänische Provinzen	46 200	3 700 000
Estland	47 500	1 122 000
Lettland	64 500	1 951 000
Litauen	65 200	2 957 000
Nördliches Ostpreußen	13 000	1 187 000
Östliche Tschechoslowakei	11 300	731 000
Ostpolen	161 700	11 800 000
Provinzen Finnlands	41 600	450 000
Tannu Tuwa	171 300	70 000
Japanische Gebiete	41 230	433 000
Tibet	2 000 000	1 200 000
Insgesamt	2 663 530	25 601 000

Abhängige Gebiete des »sozialistischen Lagers«

Albanien	28 738	2 019 000
Bulgarien	110 842	8 370 000
Kuba	114 491	8 074 000
Tschechoslowakei	127 827	14 362 000
»DDR«	95 865	16 100 000
Ostberlin	358	1 100 000
Ungarn	93 011	10 284 000
Polen	208 894	32 207 000
Rumänien	237 502	19 721 000
Äußere Mongolei	1 500 000	2 000 000
Nordkorea	108 140	13 100 000
Nordvietnam	146 360	20 000 000
Insgesamt	2 772 028	147 337 000

Annexionen und abhängige Gebiete zusammen

	5 435 558	172 938 000

Noch unter kommunistischem Angriff

Kambodscha	181 000	6 557 000
Laos	236 800	2 825 000
Südvietnam	105 809	17 404 000
Insgesamt	523 609	26 786 000
Summe	5 959 167	198 893 000

Während die Sowjetunion und das kommunistische China sowie deren Nachkömmlinge bestrebt waren, ein Land nach dem anderen zu annektieren, hat sich die freie Welt bemüht, die Grundsätze der Selbstbestimmung und der Unabhängigkeit in die Tat umzusetzen.

Seit dem Zweiten Weltkrieg bis einschließlich 1970 haben in der nichtkommunistischen Welt 68 ehemalige Kolonial- oder Halbkolonialgebiete durch Selbstbestimmung ihre Unabhängigkeit erlangt. Sie waren früher abhängig von Australien, Belgien, Dänemark, Ägypten, Frankreich, Großbritannien, Italien, Japan, den Niederlanden, Neuseeland, Spanien und den Vereinigten Staaten.

Diese neuen Nationen haben ihre eigene Außenpolitik entwickelt und fortgeführt.

Auf der nächsten Seite bringen wir eine Liste der 68 neuen unabhängigen Staaten (außer Rhodesien), die seit dem Ende des Zweiten Weltkrieges nach dem Grundsatz der Selbstbestimmung entstanden sind.

Neue unabhängige Nationen seit dem Zweiten Weltkrieg

Land	Jahr der Unabhängigkeit	Früher unter Kontrolle von
Äquatorial-Guinea	1968	Spanien
Algerien	1962	Frankreich
Barbados	1966	England
Botswana	1966	England
Burma	1948	England
Burundi	1962	Belgien
Ceylon	1948	England
Zypern	1960	England
Dahomey	1960	Frankreich
Elfenbeinküste	1960	Frankreich
Fidschi	1970	England
Gabun	1960	Frankreich
Gambia	1965	England
Ghana	1957	England
Guinea	1958	Frankreich
Guayana	1966	England
Island	1944	Dänemark
Indien	1947	England
Indonesien	1949	Niederlande
Israel	1948	England
Jamaica	1962	England
Jordanien	1946	England
Kambodscha	1949	Frankreich
Kamerun	1960	Frankreich
Kongo (Brazzaville)	1960	Frankreich
Kongo (Kinshasa)	1960	Belgien
Kenia	1963	England
Korea, Süd	1948	Japan
Kuwait	1961	England
Laos	1949	Frankreich
Libanon	1949	Frankreich
Lesotho	1966	England
Libyen	1951	Italien
Madagaskar	1960	Frankreich
Malawi	1964	England

Land	Jahr der Unabhängigkeit	Früher unter Kontrolle von
Malaysia	1957	England
Malediven Inseln	1965	England
Mali	1960	Frankreich
Malta	1964	England
Mauretanien	1960	Frankreich
Mauritius	1968	England
Marokko	1956	Frankreich/Spanien
Nauru	1968	Australien
Niger	1960	Frankreich
Nigeria	1960	England
Obervolta	1962	Frankreich
Pakistan	1947	England
Philippinen	1946	USA
Ruanda	1962	Belgien
Sambia	1964	England
Senegal	1960	Frankreich
Sierra Leone	1961	England
Singapur	1965	England
Somalia	1960	Italien/England
Südjemen	1967	England
Sudan	1956	England/Ägypten
Swaziland	1968	England
Syrien	1944	Frankreich
Tansania	1961	England
Togo	1960	Frankreich
Tonga	1970	England
Trinidad und Tobago	1962	England
Tschad	1960	Frankreich
Tunesien	1956	Frankreich
Uganda	1962	England
Vietnam, Süd	1954	Frankreich
West-Samoa	1962	Neuseeland
Zentralafrik. Republik	1960	Frankreich

Gesamtfläche: 30 540 000 Quadratkilometer
Gesamtbevölkerung: 1 153 452 053

**Die freie Welt hat
1 153 452 053 Menschen
auf
30 540 000 Quadratkilometern
Freiheit und Unabhängigkeit gewährt**

**während
die Sowjetunion und
das kommunistische China
172 938 000 Menschen
auf
5 435 558 Quadratkilometern
unterjocht haben
und weitere Eroberungen planen.**

Wer ist der Imperialist?

Anhang

Einigkeit und Stärke für die Sicherheit des freien Europas für den Weltfrieden
Aus der Resolution des Exekutivrats der AFL-CIO vom 23. Februar 1973 in Bal Harbour (Florida)

Aus der Rede des Präsidenten der amerikanischen Gewerkschaftsorganisation AFL-CIO, George Meany, anläßlich eines »Patriot Award Dinners« in New York am 26. April 1973

ZDF-Magazin vom 30. Mai 1973:
Interview mit dem Präsidenten des amerikanischen Gewerkschaftsverbandes AFL-CIO, George Meany

Einigkeit und Stärke für die Sicherheit des freien Europas und für den Weltfrieden

Aus der Resolution des Exekutivrats der AFL-CIO vom 23. Februar 1973 in Bal Harbour (Florida)

In den letzten zwei Jahren sind von den Westmächten intensive Bemühungen um eine Détente, besonders mit der Sowjetunion, unternommen worden. Die Bilanz dieser Bemühungen zeigt bisher ein Plus für die kommunistische Seite. In den deutsch-sowjetisch-polnischen Verträgen, der Viermächtevereinbarung über Berlin, den Nixon-Breschnew-Gesprächen, dem Abkommen zwischen der Bundesrepublik Deutschland und der sogenannten Deutschen Demokratischen Republik sowie in den SALT-Pakten, die Rußland eine quantitative Überlegenheit an Nuklearwaffen zugestanden haben, hat der Westen größere Konzessionen als die kommunistischen Vertreter gemacht. Zusätzlich zu den politischen Zugeständnissen (besonders der Anerkennung der Teilung Deutschlands und Berlins), die sie erhalten hat, sind der Sowjetunion mehr Handel, Kredite und Technologie seitens des Westens versprochen worden.

Moskau hat seinerseits nur geringe Konzessionen gemacht, deren Ergebnis es bestenfalls ist, daß gelegentlich der Ton, aber nicht die Substanz seiner Angriffe gegen den Westen gemildert worden ist. Die Sowjets haben weder ihre langfristigen aggressiven Ziele aufgegeben noch das rasende Tempo ihres Rüstungsprogramms verlangsamt . . .

Als der Westen der sowjetischen Forderung nach einer europäischen Sicherheitskonferenz (KSZE) nachgab, verschaffte er Moskau einen weiteren diplomatischen und politischen Erfolg. Die Sowjets haben eine solche Konferenz über acht Jahre lang verlangt; sie betrachten sie als ein Mittel zur Förderung ihrer expansionistischen Pläne in Europa. Im einzelnen erwartet die Sowjetunion, daß die KSZE ihr die folgenden Gewinne bringen wird: vollständige und endgültige Anerkennung der Eroberungen Moskaus in Osteuropa; Beschleunigung des amerikanischen Abzugs vom Kontinent;

Schwächung der Nato; Erschwerung der politischen Einigung Europas; Mitbestimmung der UdSSR in westeuropäischen Angelegenheiten durch die Schaffung eines ständigen europäischen Organs; größerer Zugang zu westlichen Waren, Krediten und technischen Kenntnissen.

Es wäre ein verhängnisvoller Irrtum zu glauben, daß, wenn der Westen den Status quo in Europa anerkennt, Moskau keine weiteren Pläne für die Ausdehnung seiner Herrschaft über den ganzen Kontinent hegen würde. Die Sowjets geben offen zu, daß ihr Konzept der friedlichen Koexistenz nicht die Ideologie einschließt. Sie erklären ganz entschieden, daß sie weiterhin den Klassenkampf predigen und den Sturz der westlichen Demokratien fordern werden. Zu diesem Zweck führen sie eine unermüdliche Propagandakampagne gegen die freie Welt; sie unterstützen subversive Aktivitäten und betreiben politische Erpressung und Einschüchterung ...

Der Westen hat ebenfalls verlangt, daß die KSZE den freien, ungehinderten Austausch von Personen, Informationen und Ideen zwischen Ost und West diskutieren und beschließen sollte. Dieser Vorschlag ist Anathema für die Sowjetunion, die befürchtet, daß dadurch die hinter dem Eisernen Vorhang mit Zwang aufrechterhaltene geschlossene Gesellschaft geöffnet würde. Die Entspannung ist bisher von einer verschärften Kontrolle aller Aspekte des Lebens im Sowjetreich begleitet worden. Wie der prominente Wissenschaftler und Führer der Menschenrechtsbewegung in der UdSSR, Andrej Sacharow, festgestellt hat, ist die Verfolgung der Dissidenten seit Präsident Nixons Besuch in Moskau intensiviert worden. Die Auswanderung der sowjetischen Juden ist ebenfalls durch die Auferlegung einer Kopfsteuer, die in Wirklichkeit die brutale Erhebung eines Lösegeldes ist, bedeutend erschwert worden.

Es muß der Sowjetunion klargemacht werden, daß die KSZE nicht Moskaus Wünsche nach westlicher Hilfe für seine kranke Wirtschaft erfüllen wird, wenn sie nicht uneingeschränkt kulturelle und persönliche Kontakte mit den freien Ländern gestatten wird ...

Die KSZE sollte schließlich den sowjetischen Plan ablehnen, ein ständiges europäisches Organ zu gründen. Ein solches Organ würde Moskau als Handhabe dienen, um in den westeuropäischen Ländern ein falsches Gefühl von Sicherheit zu erzeugen und dadurch das westliche Bündnis zu untergraben sowie das Ende des Engagements der Vereinigten Staaten zu beschleunigen. Die Sowjets würden dieses Organ dazu benutzen, die Europäische Gemeinschaft zu verdrängen. Vor allem würde es für die Sowjetunion als dem stärksten Staat in Europa ein mächtiges Instrument sein, mit dessen Hilfe sie die Geschicke des Kontinents beeinflussen und schließlich bestimmen würde.

Angesichts der Gefahren, die mit der KSZE verknüpft sind, ist äußerste westliche Wachsamkeit, Einigkeit und Festigkeit geboten. Sonst wird diese Konferenz nur sowjetischen Interessen und Expansionsplänen dienen . . .

Während die Entspannungsillusionen um sich greifen, wird die Notwendigkeit der Aufrechterhaltung der NATO immer häufiger in Frage gestellt. Ein zunehmender Anti-Amerikanismus in Europa, unermüdlich stimuliert durch Moskau sowie durch seine Agenten und Helfershelfer, geht Hand in Hand mit der wachsenden Ablehnung des westlichen Bündnisses. Wenn dieser Trend nicht aufgehalten wird, werden die Sicherheit, die Freiheit und der Frieden in Europa gefährdet sein. Wir appellieren an die alliierten Regierungen und an alle freien und demokratischen Organisationen in Europa, eine kraftvolle Aufklärungskampagne über die Bedeutung der NATO und die Rolle Amerikas zu unternehmen, die für den Frieden und die Freiheit Europas unentbehrlich ist. Es ist höchste Zeit, daß wir alle die gemeinsamen Werte, Prinzipien und Interessen entschieden wieder bestätigen, die die Vereinigten Staaten und die freien Nationen Westeuropas unlösbar verbinden.

Aus der Rede des Präsidenten der amerikanischen Gewerkschaftsorganisation AFL-CIO, George Meany, anläßlich eines »Patriot Award Dinners« in New York am 26. April 1973

Ich weiß die hohe Ehre, die mir in der Verleihung Ihres »Patriot Award« für 1973 zuteil wurde, zu würdigen. Ich bin stolz auf diese Auszeichnung. Ich bin stolz, daß ich für einen Patrioten gehalten werde. Das Wort »Patriot« bringt mich in keiner Weise in Verlegenheit. Ich halte »Patriotismus« nicht für einen naiven Begriff, er ist auch kein Privileg alter Damen in Tennisschuhen oder hysterisches Flaggengewinke. Ich halte es für ein Wort, das ein gutes und gesundes Gefühl für Amerika beschreibt. Dieses Gefühl hat in der letzten Zeit harte Tests über sich ergehen lassen müssen. Aber ich kann Ihnen sagen, daß es in der Arbeiterbewegung und überhaupt in der arbeitenden Bevölkerung sehr lebendig ist . . .

Wir stehen auch nicht auf dem Standpunkt, Amerika sei ein Polizeistaat. Im Gegenteil, wir würden lieber mehr Polypen und weniger Ganoven hier haben. Wir übernehmen auch nicht die Feststellung, daß wir unterdrückt werden. Wir denken alle anders darüber. Aber wie fehlerhaft auch immer dieses System sein mag, es gibt uns so viel Freiheit, daß wir nicht merken, wie unterdrückt wir sind.

Wir bestreiten, daß alles, was wir in Indochina getan haben, unmoralisch und imperialistisch ist. Hingegen ist der kommunistische Terror eine Technik, Staaten aufzubauen. Wir übernehmen auch nicht die Vorstellung, daß unsere nationale Politik gegen rassische Minderheiten Völkermord darstelle. Ich glaube, wir haben wirklichen Fortschritt erlebt, hart umkämpften und gewonnenen Fortschritt, der dafür um so wirklicher ist. Aber wir wollen noch mehr davon erleben und wir werden noch für mehr arbeiten.

So wie wir alles, was schlecht ist in Amerika, kennen, so kennen wir auch die Rechte, die wir preisen und beschützen müssen. Wir lieben Amerika, nicht, weil wir hier geboren sind, sondern gerade, weil viele hier nicht geboren sind. Aber dieses Argument ist nicht gut genug. Wir lieben Amerika, weil wir hier eine Demokratie aufgebaut haben, die unübertroffen ist in der Welt, unvollkommen, ja, aber immer noch unübertroffen.

Sie sehen also, die Arbeiter brauchen Demokratie, die Freiheit der Rede, die Freiheit der Versammlung, dieses sind nicht nur nette Annehmlichkeiten für uns. Diese Freiheiten sind nicht nur angenehmer Luxus, auf den wir verzichten können, wenn es einmal hart auf hart geht. Dieses sind die unverzichtbaren Voraussetzungen für die freien Gewerkschaften, für die repräsentativen Organisationen der Arbeiter.

Und diese Arbeiter-Organisation ist das unentbehrliche Instrument für den freien Arbeiter, seinen Lebensstandard zu verbessern. Mit anderen Worten: Demokratie ist nicht etwa die Schlagsahne auf unserem Kuchen, sondern unser Brot und Butter. Und ein Mensch kann sich sehr stark einsetzen für sein Brot und Butter.

Demokratie ist die einzige Basis, auf der der Arbeiter seine politische Macht erproben kann. Er kann keine politische Macht entwickeln durch großen Reichtum. Um frei zu sein, muß er ein System entwickeln, in dem die Zahl mehr wiegt als Reichtum. In der endgültigen Analyse ist dies genau das, was Demokratie bedeutet.

Die Arbeiter sehen, was ihnen passieren kann in einer Gesellschaft ohne Demokratie. Und das ist der Grund, warum der amerikanische Arbeiter grundsätzlich antikommunistisch ist. Um es noch einmal zu sagen: Für uns in der Arbeiterbewegung ist Demokratie kein Luxus, sondern eine Frage von Leben oder Tod. Eine Demokratie kann nicht lange halten, geschweige denn blühen ohne die Freiheit der Versammlung und die Freiheit des Zusammenschlusses, wie sie in der freien Arbeiterbewegung praktiziert werden.

Keine zwei Worte stellen einen schärferen Widerspruch dar als die Worte: Demokratie und Diktatur. Die modernen Diktatoren haben diesen Konflikt sehr wohl verstanden. Darum waren Gewerkschaften in Rußland, unter Lenin, die ersten Kritiker, aber auch die ersten Opfer der bolschewistischen Diktatur.

Schauen wir uns doch an, wie der russische Arbeiter heutzutage lebt. Er hat keine demokratischen Rechte wie die Freiheit der Versammlung, das Recht auf gemeinsames Handeln oder das Recht, zu streiken. Er hat zu bezahlen für das Versagen seines Kommissars, dessen »dynamische Planwirtschaft« in großen Schwierigkeiten steckt und sich ängstlich bemüht, sich von dem – wie er ihn spöttisch nennt – »amerikanischen Kapitalisten« helfen zu lassen.

In diesem Licht gesehen, erscheinen einige der bedeutendsten Weltereignisse klarer und sind besser zu verstehen . . .

Die sowjetische Diktatur kann die Unfähigkeit des kommunistischen Systems, die belastenden sozialen Konsequenzen ihrer Fehler und ihres Versagens auszugleichen ohne die massive Hilfe der demokratischen Länder, besonders die der USA, nicht verleugnen. Dies erklärt ihre augenblicklichen Bemühungen, sich von unserem Land eine beträchtliche Ausweitung des Handels auf der Basis der »Meist-Begünstigungsklausel« (most-favored-nation = MFN), großzügige Kredite und immense Hilfe auf dem Gebiet des technologischen know hows zu sichern. Die sowjetische Produktivität betrug 1971 nur 40 Prozent der Produktivität der USA. Obgleich die Sowjetunion 50 Millionen mehr Menschen hat als die USA, bekommen ihre Verbraucher nur etwa ein Drittel der Konsumgüter und Dienstleistungen, die der amerikanischen Bevölkerung zur Verfügung stehen. Außerdem sind die Konsumgüter für den sowjetischen Verbraucher oft sehr teuer und schäbig, wenn sie überhaupt zu bekommen sind . . .

Die kommunistischen Herrscher lassen sich nie auf die Vereinbarung gegenseitiger Interessenvorteile ein. Aus diesem Grunde sollten keine Kredit- oder Handelskonzessionen irgendeiner kommunistischen Regierung eingeräumt werden ohne adäquate politische Gegenleistungen, wie: das Einstellen von Unterdrückung, das Einstellen der Vorschubleistung zur Fortsetzung der militärischen Aggression in Kambodscha und Laos, das Abreißen der Schandmauer in Berlin und die Garantie des Selbstbestimmungsrechtes für die ganze deutsche Bevölkerung, wie Chruschtschow es auf der Genfer Gipfelkonferenz 1955 versprochen hat. Nur unter solchen Bedingungen können Handel und Kredite eine wertvolle Waffe in den Händen von demokratischen Ländern in ihren Handelsbeziehungen mit den UdSSR oder anderen kommunistischen Regimen sein, um die menschliche Freiheit und den Weltfrieden zu fördern und zu bewahren.

Es gibt kein ungeheuerlicheres Märchen als die Feststellung, daß der Weltfrieden, das Wohl der Menschheit und die Freiheit gefördert werden können, wenn man den kommunistischen Diktaturen hilft, ihre ernsten Konflikte und Schwierigkeiten, die in der politischen Praxis ihren eigenen Landsleuten aufgebürdet werden, zu überwinden. Handel und langfristige Kredite kommunistischen Regimen zu gewähren, wird ihnen nicht helfen, sich in Richtung auf Demokratie zu entwickeln. Im Gegenteil, solche Hilfe von den USA und anderen Demokratien wird die kommunistischen Regime in Stand setzen, ihre augenblicklichen Schwierigkeiten zu überwinden und sich stark zu machen für ihre nächsten Aktionen gegen die freie Welt . . .

Wir haben nun 55 Jahre Diktatur des Proletariats am Werk gesehen. Wir haben 55 Jahre Tyrannei und Unterdrückung der russischen Bevölkerung erlebt. Wir haben 55 Jahre lang das abgrundtiefe Versagen der marxistischen Wirtschaftstheorien testen können und erlebt.

Während dieser 55 Jahre gab es nicht ein einziges Beispiel dafür, daß einseitige Konzessionen von Seiten der freien Welt gleiche Konzessionen von Seiten der sowjetischen Herrscher im Interesse des Weltfriedens gebracht hätten. Amerika will den Frieden. Die amerikanischen Arbeiter wollen den Frieden. Wir können nicht die Vorstellung akzeptieren, daß der Frieden gefördert wird durch das Nachgeben und die Konzessionen nur der einen Seite.

So bringen wir Amerikaner unsere Hingabe an das amerikanische System mit all seinen Fehlern und Nachteilen auf einen Nenner –: auf unseren Widerstand zu jeder erdenklichen Form der Diktatur!

ZDF Magazin vom 30. Mai 1973
Interview mit dem Präsidenten des amerikanischen Gewerkschaftsverbandes AFL-CIO, George Meany

Löwenthal:
Seit George Meany, Chef der größten Gewerkschaft der freien Welt mit 120 angeschlossenen Einzelgewerkschaften, die zur Zeit rund 14 Millionen Mitglieder haben, schon 1945 den Weltgewerkschaftsbund als Filiale der Kommunisten anprangerte, hat sich dieser außergewöhnliche Arbeiterführer stets engagiert für Freiheit und Demokratie und gegen Diktatur und Unterdrückung ausgesprochen. Die Meinung dieses prominenten Amerikaners zur gegenwärtigen Ost/West-Politik verdient, so meine ich, weite Beachtung – insbesondere nach der Euphorie des Breschnjew-Besuches in Bonn. Hier zunächst einige Bilder zur Vorstellung meines Gesprächspartners:

Meany in seinem Büro
Hier in seinem Büro in Washington, in Sichtweite des Weißen Hauses, beobachteten wir George Meany vor dem Interview kurz mit der Kamera. Er sprach mit seinen Mitarbeitern über Tagesereignisse. Dem mittelgroßen untersetzten Mann sieht man seine 78 Jahre nicht an. Körperlich und geistig völlig auf der Höhe, gehört er zu den bedeutenden Persönlichkeiten in den Vereinigten Staaten. Er erlernte den Klempnerberuf, wurde 1922 aktiver Gewerkschaftsfunktionär und hatte maßgeblichen Anteil an dem Zusammenschluß der beiden sich heftig bekämpfenden Gewerkschaftsorganisationen AFL und CIO. Nach deren Vereinigung 1955 wurde er ihr erster Präsident. Seitdem ist er ohne Gegenstimmen immer wieder gewählt worden.

Noch immer ein leidenschaftlicher Zigarrenraucher und Zigarrenkenner ist sein Hobby die Malerei. Er malt auch heute noch in seiner spärlichen Freizeit – und hängt sich seine eigenen Bilder in seinem Büro auf. Gegenständlich und in kräftigen Farben gemalt, sagen sie einiges über den Mann aus, der für die guten Beziehungen zwischen den Gewerkschaften und der Wirtschaft Entscheidendes geleistet hat. Ein Mann, der sich im wahrsten Sinne des Wortes von ganz unten nach

ganz oben hinaufgearbeitet hat.
Ihn fragte ich:

Frage Löwenthal:
Mr. Meany, Sie haben immer sehr scharf das, was Sie sowjetischen Imperialismus nennen, kritisiert. Bezweifeln Sie, nachdem wir nun in einer Zeit der Entspannung leben, immer noch den guten Willen der Sowjetunion, zu einer Politik der Kooperation mit dem Westen zu kommen?

Antwort Meany:
Ja, ich zweifele immer noch am guten Willen der sowjetischen Führer. In der Tat haben sich meine Zweifel nach Breschnews kürzlichem Besuch in der Bundesrepublik Deutschland verstärkt.

Es gibt keinen guten Willen ohne guten Taten. Und ich habe keine einzige gute Tat der Sowjets gesehen im Hinblick auf die Sehnsucht und die Hoffnungen des deutschen Volkes auf nationale Vereinigung in Freiheit oder auf die Wünsche der Berliner.

Der sowjetische Diktator hätte seinen Besuch benutzen können, um den guten Willen seiner Regierung zu beweisen, das Vier-Mächte-Abkommen über den Status von Berlin von 1971 voll zu erfüllen, das die Bindungen zwischen der Bundesrepublik und Westberlin vorsieht.

Er hat nichts dergleichen getan. Die gemeinsame Vereinbarung nach seinem Besuch erwähnt zwar »die strikte Einhaltung und volle Anwendung« des Abkommens, aber sie bestätigt nicht ausdrücklich das Recht der Bundesrepublik für Westberlin zu sprechen, wenn die beiden Staaten in Deutschland den Vereinten Nationen beitreten.

Wie Sie wissen, bekam der Regierende Bürgermeister von Berlin kürzlich den guten Willen der Russen zu spüren, anläßlich der sowjetischen Industrie-Ausstellung in Berlin. Vertreter Moskaus versuchten, den Staatssekretär des Bundeswirtschaftsministeriums beim offiziellen Besichtigungsrundgang zu behindern. Der Regierende Bürgermeister stellte die russische Mißachtung des Vier-Mächte-Abkommens fest und protestierte, daß dessen Bestimmungen – ich zitiere – »offensichtlich in der Praxis von der Sowjetunion und ihren östlichen Partnern noch nicht voll akzeptiert werden«.

Und obgleich die Bundesregierung sehr um gute Bezie-

hungen zur Sowjetunion bemüht ist, mußte sie ihr Bedauern
– wenn auch mit großer Zurückhaltung – über diesen Beweis
russischen schlechten Willens ausdrücken und als Versuch
beschreiben, der die Bemühungen um Entspannung nicht gerade fördert.

Die Sowjets schmelzen ihren Eisernen Vorhang nicht in
Pflugscharen um. Die Berliner Mauer verunziert das Gesicht
der Stadt immer noch wie eine Duell-Narbe. Arbeiter und
Intellektuelle, die in die Freiheit zu fliehen versuchen, werden
an der Mauer kaltblütig niedergeschossen. Die 840-Meilen-
Grenze zwischen den beiden deutschen Staaten ist ein fürchterlicher Todeszaun. Ich sehe keinerlei guten Willen der Sowjets in dieser grausamen Situation. Moskau zeigt nur guten
Willen, wenn es bekommt, was es will. Für mich ist das grobe
Tyrannei, ausgesprochener Imperialismus. Das ist keine Entspannung. Das sowjetische Benehmen in Berlin ist ein Symbol des kalten Krieges, den Moskau immer noch führt. Das
ist kein Zeichen guten Willens.

Löwenthal:
Wie würden Sie die Ziele der gegenwärtigen sowjetischen
Politik analysieren?

Meany:
Die Sowjets haben ihre Expansions-Gelüste nicht aufgegeben.
Sie suchen westliche Hilfe, um ihre ernsthaften wirtschaftlichen Schwierigkeiten zu überwinden und ihre beschleunigte
Aufrüstung fortzusetzen. Bundesverteidigungsminister Georg Leber hat erst kürzlich darüber gesprochen, was Rußlands
steigende Militärmacht für die Bundesrepublik bedeutet.

Die Sowjets versuchen, alle möglichen diplomatischen Konzessionen zu bekommen, um diese beiden Ziele zu erreichen.
Gleichzeitig versucht Moskau, ein falsches Gefühl für Sicherheit in den westeuropäischen Völkern zu erzeugen und die
amerikanische Präsenz in Europa zu untergraben. Wenn
ihnen dieses Spiel gelingt, werden die Sowjets früher oder
später die »Finnlandisierung« Westeuropas erreichen. Dann
brauchen sie nur noch einen Schritt zu tun bis zur vollständigen Beherrschung des Kontinents.

Die Sowjets verfolgen die gleiche Strategie im Nahen
Osten: Hier suchen sie keinen echten Frieden. Obwohl sie
keinen sofortigen Krieg unterstützen, fahren sie doch fort,

den Guerillas und den besonders kriegslüsternen arabischen Regimen zu helfen und sie zu bewaffnen. Außerdem verstärken sie ihre Flotte im Mittelmeer.

Ich will Breschnew selbst erklären lassen, was Entspannung für den Kreml bedeutet und was die Sowjetherrscher dabei herausholen wollen. In einer Aussprache auf einer Konferenz ausgewählter kommunistischer Vertreter in Karlovy Vary sagte der Sowjet-Diktator am 24. April 1967: »Die Erfahrung lehrt, daß der ›kalte Krieg‹ und die Konfrontation militärischer Blöcke, die Atmosphäre militärischer Bedrohung, die Tätigkeit revolutionärer demokratischer Kräfte ernsthaft behindert. Unter den Bedingungen internationaler Spannung in bürgerlichen Ländern werden die reaktionären Elemente aktiv, die Militärs verlangen Einfluß, antidemokratische Tendenzen und Antikommunismus werden gestärkt. Umgekehrt haben die vergangenen Jahre klar gezeigt, daß unter Bedingungen nachlassender internationaler Spannung der Zeiger des politischen Barometers nach links wandert. Gewisse Veränderungen in den Beziehungen zwischen Kommunisten und Sozialdemokraten in bestimmten Ländern, ein beachtliches Absinken der antikommunistischen Hysterie und das Anwachsen des Einflusses westeuropäischer kommunistischer Parteien ist besonders eng mit der Abnahme der Spannung in Europa verbunden.« Das sagte Breschnew vor nur sechs Jahren.

Löwenthal:
Sie haben erst kürzlich wieder die amerikanische Industrie kritisiert, daß sie zu stark an einer Ausweitung des Handels mit der Sowjetunion interessiert sei, und die Industriellen gewarnt, daß die Russen nur deshalb eine Ausdehnung technologischer und wirtschaftlicher Beziehungen zum Westen wollen, weil sie damit ihre eigenen Schwierigkeiten überwinden wollen. Glauben Sie nicht, daß die Ausweitung der Wirtschaftsbeziehungen mit dem Osten auch im Interesse westlicher Länder liegen könnte?

Meany:
Ich habe schon die beiden Hauptgründe dafür erwähnt, warum Moskau so sehr versucht, massive wirtschaftliche und technologische Hilfe von der Bundesrepublik, den USA und anderen westlichen Demokratien zu bekommen. Eines ist

klar: Der Kreml ist viel mehr an der Ausdehnung russischen Einflusses und Macht in der Welt interessiert als an der Förderung des Wohlbefindens, des Lebensstandards und der Menschenrechte des russischen Volkes.

Meiner Meinung nach sollte Moskau nicht die Hilfe, die es jetzt sucht, gegeben werden, wenn es nicht seine Expansionsgelüste aufgibt, die eine Bedrohung der Demokratie in Deutschland ebenso wie des Weltfriedens darstellen. Die Erfahrung hat gezeigt, daß wirtschaftliche Hilfe der freien Welt die sowjetischen Herrscher nicht friedlicher gegenüber dem Ausland und weniger verfolgungswütig im eigenen Land stimmt. In vergangenen Jahren haben deutsche, amerikanische und andere westliche Industrielle, Bankiers und Regierungen dem sowjetischen Regime sehr viel wirtschaftliche und technologische Hilfe gegeben. Was ist dabei Gutes herausgekommen?

Lassen Sie mich daran erinnern, daß eine amerikanische Firma, die McKee Corporation, das größte Eisen- und Stahlwerk der Welt in Magnitogorsk gebaut hat. Ford hat die erste sowjetische Automobilfabrik gebaut. General Electric plante und konstruierte den berühmten Dnjepr-Staudamm.

Vor Jahren sagte Stalin dem amerikanischen Industriellen Eric Johnson, daß »über zwei Drittel aller großen industriellen Anlagen in der UdSSR mit amerikanischem Material oder technischer Hilfe gebaut wurden«.

Sie sehen also, umfangreiche Wirtschaftshilfe an Moskau hat sie nicht davon abgehalten, Krise über Krise um Berlin zu entfesseln, die Schandmauer zu bauen, dem deutschen Volk das Recht auf Selbstbestimmung zu verweigern, Unterwanderung der Demokratien und sogenannte »nationale Befreiungskriege« zu ermutigen und zu unterstützen. Die ungeheure Ausdehnung derartiger sowjetischer »Zusammenarbeit« mit dem Westen wird den Deutschen, den Amerikanern oder irgendeinem anderen Volk gewiß nicht helfen. Für das russische Volk bedeutet das nur eine Stärkung der Diktatur, die es unterdrückt und ausbeutet. Warum soll man diese falsche Politik wiederholen und gar ausweiten? In einem menschlichen und moralischen Sinne – und langfristig sogar unter dem Gesichtspunkt des Gewinns – bedeutet diese Politik schlechtes Geschäft: tödlich, kurzsichtig.

Löwenthal:
Sie standen der Ostpolitik der gegenwärtigen deutschen Regierung immer kritisch gegenüber. Ist das immer noch so?

Meany:
Ja, ich war und ich bleibe kritisch. Ich bezweifle nicht die guten Absichten von Bundeskanzler Brandt in seinen Bemühungen, den Frieden mit dem früheren Feind zu sichern. Ich schätze seinen ernsthaften Wunsch nach Weltfrieden. Wir sehnen uns alle nach dem Tag, an dem die Menschheit sich sicher fühlen und Frieden, Freiheit, sowie die Früchte moderner Technologie genießen wird.

Aber ich meine, die Bundesrepublik hat den Sowjets zuviele Konzessionen gemacht und nichts dafür bekommen. Die Preisgabe eines großen Teils Deutschlands an die kommunistische Diktatur ist kein Weg zu Frieden und Freiheit, ganz unabhängig von den besten Absichten.

Eine Stärkung der Macht und des Einflusses der Sowjets in Europa kann nur den Kräften der Unterwanderung und der Aggression auf dem Kontinent helfen und der Position der Demokratie und des Friedens überall schaden.

Alle Euphorie beiseite gelassen: Dies ist nicht im Interesse des deutschen Volkes oder im Dienste von Frieden und Freiheit auf dem Kontinent oder sonstwo.

Löwenthal:
Was halten Sie von der Aufnahme von Beziehungen zwischen den deutschen Gewerkschaften und denen in der Sowjetunion und in Ostdeutschland?

Meany:
Wir von den amerikanischen Gewerkschaften haben die sogenannten Gewerkschaften in den kommunistischen und allen anderen totalitären Ländern immer als »Arbeitsfront« bezeichnet – wie sie Dr. Ley und Hitler einst aufgebaut haben. In der UdSSR war der von der Kommunistischen Partei eingesetzte Führer der »Arbeitsfront«, Scheljepin, früher Chef der gefürchteten sowjetischen Geheimpolizei.

Die sogenannten Gewerkschaften hinter dem Eisernen Vorhang sind nur Werkzeuge der kommunistischen Diktatur. Sie sind Instrumente des Polizeistaates – um die Arbeiter zu beaufsichtigen und anzutreiben. Wir glauben, daß freie Ge-